© 1999 Text: Paul Stewart / © 1999 Illustrationen: Chris Riddell
Zuerst erschienen 1999 bei Andersen Press Ltd.,
20 Vauxhall Bridge Road, London SW1V 2SA, UK
Originaltitel: The birthday presents

© für die deutschsprachige Ausgabe Baumhaus Verlag AG
Zürich – Frankfurt/Main – Bruck 2001
ISBN 3-909484-79-4
Alle Rechte vorbehalten.

Aus dem Englischen übersetzt von Nureeni Träbing.

Printed in Italy by Grafiche AZ, Verona.

Gesamtverzeichnis schickt gern: Baumhaus Verlag AG,
Seelenberger Straße 4, D-60489 Frankfurt am Main
http://www.baumhaus-ag.de

5 4 3 2 1 01 02 03 04 2005

Ein Geschenk für dich

Paul Stewart · Chris Riddell

BAUMHAUS
VERLAG

„Igel", fragte Hase. „Wann ist dein Geburtstag?"
„Ich weiß nicht", antwortete Igel.
„Ich auch nicht", sagte Hase und seufzte.

„Wenn noch nicht einmal *ich* weiß, wann mein Geburtstag ist", sagte Igel, „woher sollst *du* es dann wissen?"

„Ich meine", erwiderte Hase, „ich weiß nicht, wann *mein* Geburtstag ist."

„Ach so", sagte Igel.

Während die Sonne langsam hinter den Bäumen versank, dachten Igel und Hase traurig an all die Geburtstage, die sie nie haben würden.

„Ich habe eine Idee", sagte Igel. „Lass uns
morgen unsere Geburtstage feiern."
„Aber vielleicht sind unsere Geburtstage gar
nicht morgen", sagte Hase.
„Vielleicht aber doch", sagte Igel. „Und es wäre
zu schade, wenn wir sie verpassen würden."

„Du hast Recht", sagte Hase. „Das ist eine gute Idee. Wir werden uns gegenseitig zum Geburtstag gratulieren."

„Und wir werden uns gegenseitig Geschenke machen", sagte Igel.

„Geschenke?", gähnte Hase.

„Ja, Geburtstagsgeschenke", sagte Igel. „Dafür sind Geburtstage doch da."

Später, als Igel im silbernen Mondlicht
schnuppernd nach Schnecken suchte, dachte
er darüber nach, was er seinem Freund
schenken könnte.

Igel dachte über das Tief-unter-der-Erde nach, wo Hase gerade schlief.
„Wie still und traurig und feucht es dort sein muss. Und wie dunkel!"

Da entdeckte er am Ufer des Sees eine leere
Flasche. Igel schaute nachdenklich auf die Flasche.
Dann schaute er auf das Mondlicht, das auf dem
Wasser des Sees schimmerte.
„Das ist es!", rief Igel.

Igel füllte die Flasche mit dem schimmernden Wasser.

„Eine Flasche Mondlicht, das wird mein Geschenk", sagte er.
Er verpackte die Flasche und dann legte er sich schlafen.

Hase war schon sehr früh wach. Er war
viel zu aufgeregt um weiterzuschlafen.
„Was kann ich Igel nur schenken?",
überlegte er.

Hase dachte an seinen Freund, der im Weit-offenen-da-oben schlief.
„Wie gefährlich und laut es dort oben sein muss. Und wie hell!"

In einer Ecke seines Baus sah er
eine Kiste liegen, die ihm sehr
nützlich erschien.
„Genau das Richtige!", rief er.

Hase füllte die Kiste mit
warmer, kuscheliger Dunkelheit und klopfte sie mit der
Pfote flach.
„Eine Kiste Gemütlichkeit",
sagte er.

Er drückte den Deckel zu...

...und packte die Kiste in Stroh ein.
„Igel wird begeistert sein von
meinem Geschenk."

Bald wurde es Abend. Und die Freunde trafen sich.
„Herzlichen Glückwunsch zum Geburtstag!", sagte Igel.
„Herzlichen Glückwunsch zum Geburtstag!", sagte Hase.

„Hier ist dein Geschenk", sagte Igel.
Hase wickelte das Geschenk aus seiner
Blattverpackung.
„Es ist eine Flasche Mondlicht", sagte Igel,
„damit du nie wieder Angst zu haben
brauchst vor der Dunkelheit in deinem Bau."

„Aber ich habe doch gar keine...", begann
Hase. Doch dann sagte er: „Danke, Igel.
Das ist ein wunderbares Geschenk."

„Und hier ist *dein* Geschenk", sagte Hase.
Igel wickelte das Geschenk aus seiner
Strohverpackung.

„Es ist eine Kiste Gemütlichkeit",
sagte Hase. „Damit du nie wieder
durch den hellen und lauten Tag
gestört wirst."

„Aber ich werde doch gar nicht...", begann
Igel. Doch dann sagte er: „So etwas habe ich
mir schon immer gewünscht."

Mitten in der finsteren Nacht wachte Hase auf und
schaute sich sein Geschenk nochmal an.
„Lieber Igel", sagte er. „Das soll nun also eine
Flasche Mondlicht sein?"
Er zog den Stöpsel aus der Flasche und trank das
Wasser aus.
„Ich kann die Flasche jeden Tag wieder auffüllen",
überlegte Hase. „Dann werde ich nie wieder
durstig sein, wenn ich nachts aufwache."

Nach einer langen und unruhigen Nacht fiel Igels
Blick auf sein Geschenk.
„Lieber Hase", sagte er müde. „Das soll nun also
eine Kiste Gemütlichkeit sein?"
Igel hob den Deckel hoch und schaute in die Kiste.
„Eine Schneckenfalle!", rief er. „Ich werde nie wie-
der hungrig sein, wenn ich am Morgen aufwache."

Am Abend trafen sich Igel und Hase am See.
„Gefällt dir deine Flasche Mondlicht?",
fragte Igel.

„Oh ja", rief Hase. „Es ist das schönste Geschenk, das ich jemals bekommen habe. Und gefällt dir deine Kiste Gemütlichkeit?"

„Oh ja", rief Igel. „Es ist das schönste Geschenk, das *ich* jemals bekommen habe."

Gemeinsam schauten die beiden Freunde in die orangefarbene Sonne, die sich langsam rot färbte.

„Igel", sagte Hase, während er sich vor Müdigkeit die Augen rieb, „wann feiern wir wieder Geburtstag?"
„Bald", antwortete Igel, „sehr bald."